Dr E. SAUVEZ

Sur l'Exercice de l'Art dentaire en Alsace-Lorraine

(Communication à la Société d'Odontologie de Paris, séance du 13 mai 1919.)

— 1919 —

PUBLICATION DE *L'ODONTOLOGIE*

30 octobre.

Dr E. SAUVEZ

Sur l'Exercice de l'Art dentaire en Alsace-Lorraine

(Communication à la Société d'Odontologie de Paris, séance du 13 mai 1919.)

— 1919 —
PUBLICATION DE *L'ODONTOLOGIE*.
30 octobre.

SUR L'EXERCICE DE L'ART DENTAIRE EN ALSACE-LORRAINE

Par le Dr E. SAUVEZ

(Communication à la Société d'odontologie de Paris, séance du 13 mai 1919.)

Les conditions d'exercice de l'art dentaire en Alsace-Lorraine avant la guerre étaient les mêmes que dans l'empire allemand tout entier.

L'exercice était absolument libre ; l'anesthésie locale et même l'anesthésie générale étaient permises à tous.

Avant la guerre, il y avait dans tout l'empire : 3.575 approbierten Zahnärzte, correspondant aux chirurgiens-dentistes diplômés de France, 25 à 30 docteurs en médecine n'ayant pas le diplôme de Zahnarzt, 5.000 dentistes libres appelés le plus communément Zahntechniker, 2.000 personnes environ, coiffeurs, bijoutiers, aide-vétérinaires, charlatans, etc., qui pratiquaient plus ou moins l'art dentaire.

Il y avait donc en Allemagne un total de 10.600 personnes pratiquant l'art dentaire, pour une population de 65 millions d'habitants environ, soit 163 dentistes pour un million d'habitants, et, dans beaucoup de localités, il n'y avait pas assez de dentistes, comme on le verra plus loin.

Sur ces 10.600 dentistes, 8.600 étaient bien des praticiens diplômés ou non. A Strasbourg seulement, pour une population de 180.000 habitants, il y avait, en 1914, 50 Zahnärzte et 70 dentistes libres, soit un dentiste pour 1.500 habitants ; la ville de Strasbourg, qui comptait 60.000 habitants environ en 1870, a triplé de population depuis cette époque.

Il existait en France à la même époque environ 4.250 dentistes, dont 3.750 chirurgiens-dentistes, et environ 500 docteurs en médecine pour une population de 39 millions d'habitants environ.

Si l'on compare le nombre de dentistes existant dans les deux pays, on constate qu'il existe 163 dentistes en Allemagne et 92 environ en France pour un million d'habitants ; si le nombre des dentistes en France était aussi grand qu'en Allemagne, il y aurait dans notre pays 6.357 dentistes, au lieu de 4.250. Donc, non seulement le nombre total des dentistes est beaucoup moins élevé en France qu'en Allemagne (moins de la moitié), mais il est aussi moins élevé proportionnellement à la densité de la population.

Si, maintenant, on compare le nombre des dentistes d'une grande ville comme Strasbourg (180.000 habitants et 120 dentistes) avec le nombre des dentistes de Paris, par exemple, qui possède environ trois millions d'habitants, on voit qu'il y aurait à Paris deux mille dentistes si leur nombre était dans la même proportion qu'à Strasbourg.

On peut donc tirer comme conclusion de ces constatations que le nombre des dentistes est, d'une façon générale, beaucoup plus élevé en Allemagne qu'en France, environ dans la proportion de deux en France pour plus de trois en Allemagne par rapport au même nombre d'habitants. Dans les villes, cette augmentation est encore plus marquée puisqu'elle est de 3 dentistes en France pour 5 en Allemagne.

*
* *

Ces indications générales étant exposées, il est intéressant de voir comment étaient formés les dentistes allemands et par conséquent aussi les dentistes alsaciens-lorrains. Comme nous l'avons vu, la profession était exercée par :
1° les Zahnärzte ; 2° les dentistes non diplômés qui se font appeler Zahntechniker, Zahnkünstler, Zahnartist, Zahnspecialist ou Dentist.

La formation des Zahnärzte présente, surtout dans les

dernières années, des données parallèles à la formation des chirurgiens-dentistes.

Le diplôme de zahnarzt a été créé en 1869 ; mais, comme l'exercice était libre, il y a eu peu de dentistes dans les débuts qui ont pris le diplôme.

Jusqu'à la loi du 15 mars 1909, les étudiants en chirurgie dentaire devaient suivre les cours des lycées jusqu'à la fin de la 4e, c'est-à-dire trois ans avant le baccalauréat, puis 6 semestres d'études techniques spéciales d'une polyclinique dentaire adjointe à une faculté ; après ces études, les candidats subissaient un *seul* examen pour obtenir le titre de Zahnarzt.

Cet examen comprenait une épreuve sur les éléments de pathologie chirurgicale générale, une épreuve sur les éléments d'anatomie et de pathologie générale, un examen pratique comportant 1 ou 2 obturations, 2 ou 3 extractions avec anesthésie locale et un appareil prothétique au choix de l'examinateur.

La loi du 15 mars 1909 relative à l'examen des Zahnärzte, loi appliquée en 1912 puisque, jusqu'à cette époque, il y a eu des mesures transitoires comme il en a existé en France entre les deux réglementations, a fixé les conditions dans lesquelles le diplôme de Zahnarzt était conféré pour tout l'empire allemand. Les principales dispositions de cette loi étaient :

1° Abitur., avant les études spéciales, c'est-à-dire examen analogue au baccalauréat ;
2° trois semestres d'études spéciales ;
3° examen préliminaire ;
4° quatre semestres d'études techniques ;
5° examen dentaire proprement dit.

Nous donnons ci-après un résumé de cette loi, comprenant les principaux articles.

Loi du 15 mars 1909 relative à l'examen des chirurgiens-dentistes.
(Résumé.)

Article premier. — L'approbation de chirurgien-dentiste est conférée pour l'Empire allemand : 1° par les autorités centrales des États confédérés comptant une ou plusieurs universités nationales, par conséquent les ministres compétents de Prusse, Bavière, Saxe, Wurtemberg, Bade, Hesse, Mecklembourg-Schwerin, etc. ; 2° par le ministre d'Alsace-Lorraine.

Art. 2. — L'approbation est conférée à celui qui a subi avec succès l'examen dentaire, lequel est précédé d'un examen préliminaire.

L'approbation est refusée, ainsi que l'accès aux examens, aux candidats qui ont encouru des condamnations pour fautes graves.

I. *Examen préliminaire.*

Art. 3. — L'examen préliminaire se subit devant la Commission d'examen de l'Université où l'étudiant a fait ses études dentaires.

Cette Commission comprend un président et un suppléant, professeurs titulaires de la Faculté de médecine, et pour membres les professeurs des matières sur lesquelles porte l'examen. Elle est composée pour chaque année d'examen (1er octobre au 30 septembre) et nommée par l'autorité centrale.

Art. 4. — Il y a, chaque semestre, autant d'examens qu'il est nécessaire pour faire droit à toutes les demandes parvenues.

Un examen ne peut comprendre plus de quatre candidats, sauf l'épreuve pratique de prothèse, qui peut en compter huit.

Art. 6. — La demande est accompagnée du certificat de maturité délivré par un lycée allemand d'enseignement classique ou d'enseignement moderne ou un collège professionnel supérieur allemand.

Les certificats de maturité délivrés à l'étranger ne peuvent être admis qu'exceptionnellement.

Les candidats pourvus du certificat de maturité d'un collège professionnel supérieur allemand doivent prouver qu'ils possèdent une connaissance suffisante du latin.

Art. 7. — La demande est également accompagnée d'un certificat constatant qu'après obtention du certificat de maturité le candidat a étudié l'odontologie au moins trois semestres dans une Université allemande.

Art. 8. — Elle est également accompagnée d'un certificat établissant que le candidat a pris part pendant six mois au moins aux travaux de dissection, et a étudié au moins trois mois dans une école pratique d'anatomie microscopique et trois mois aussi dans une école pratique de chimie, ainsi que deux semestres au moins la prothèse dentaire.

Art. 11. — L'examen porte sur l'anatomie, la physiologie, la physique, la chimie, la prothèse dentaire.

Art. 12. — L'examen, *étant principalement oral*, est public, il se subit en neuf jours de semaine consécutifs, savoir : *un jour* pour l'anatomie, *un jour* pour l'ensemble des autres sujets théoriques, *sept jours* pour la prothèse.

1° Anatomie. — Explication des organes situés dans une des cavités principales du corps (forme, position, rapports).

Description des nerfs de la tête et du cou dans une préparation anatomique. Montrer dans une épreuve orale qu'on possède les connaissances d'anatomie descriptive nécessaires au chirurgien-dentiste.

Explications à fournir sur une préparation anatomo-microscopique de la région de la cavité buccale et des dents. Montrer dans une épreuve orale qu'on possède la connaissance des tissus et l'histoire du processus de développement des dents et de la cavité buccale comme un chirurgien-dentiste doit la connaître.

2° Physiologie. — Montrer qu'on possède les connaissances nécessaires à un chirurgien-dentiste.

3° et 4° Physique et chimie. — L'épreuve se réfère aux besoins du chirurgien-dentiste.

5° Prothèse : trois travaux sur fantôme, dont au moins en caoutchouc et un en métal. (Le candidat fournit les matériaux nécessaires). Épreuve orale portant sur la connaissance approfondie des matières et des procédés de confection des pièces de prothèse.

Art. 13. — Les docteurs ès sciences physiques et naturelles des Universités allemandes ne subissent l'épreuve de physique et de chimie que si leur examen de doctorat n'a pas porté sur ces matières.

Les candidats ayant subi avec succès l'examen médical préparatoire ne sont examinés qu'en prothèse.

Art. 15. — Chaque épreuve est cotée de un (très bien) à cinq (mal). Si la note quatre ou cinq est attribuée à une épreuve, celle-ci doit être recommencée dans un délai de deux à six mois, fixé par le président du jury, d'accord avec ses assesseurs, suivant les notes obtenues pour les autres épreuves.

Si l'examen préliminaire n'est pas complètement subi avec succès en un an et demi à partir du commencement, le candidat est considéré comme ayant échoué.

Art. 16. — Si l'étudiant continue ses études dans une autre Université, c'est devant le jury de celle-ci qu'il recommence son examen.

Art. 17. — Le candidat qui a échoué deux fois à son examen n'est pas admis à le subir une troisième.

Art. 18. — Il est délivré au candidat un certificat donnant le résultat de son examen.

II. *Examen dentaire.*

Art. 21. — L'examen dentaire peut être subi devant tout jury d'examen dentaire d'une Université allemande.

Ce jury, y compris le président et son suppléant, est nommé par l'autorité centrale pour chaque année d'examen (1er octobre au 30 septembre) et se compose des spécialistes compétents.

Art. 22. — Les examens ont lieu deux fois par an (semestre d'été et semestre d'hiver). Ils commencent à la mi-octobre et à la mi-mars et ne doivent pas dépasser la mi-août. La demande d'admission est adressée à l'autorité centrale.

Art. 23. — A la demande sont joints les certificats indiqués par les art. 6 à 8 pour l'admission à l'examen préliminaire et le certificat constatant que ce dernier a été subi avec succès.

Un examen subi hors d'Allemagne n'est accepté qu'exceptionnellement à la place de l'examen préliminaire.

Art. 24. — A la demande est jointe également la preuve, fournie par des certificats de sortie d'Université, que le candidat, après obtention du certificat de maturité, a fait au moins sept semestres d'études dentaires dans une Université allemande, y compris le temps passé à préparer l'examen préliminaire.

Art. 25. — Sur les sept semestres, trois au moins doivent être postérieurs à l'examen préliminaire subi avec succès.

Le semestre pendant lequel cet examen a été subi n'est compté que si le dit examen a eu lieu pendant les trois premières semaines suivant le commencement du semestre.

Art. 26. — A la demande est joint un certificat établissant que le candidat, après l'examen préliminaire, a suivi au moins :

1º Pendant deux semestres un cours de traitement conservateur des dents sur le malade, un cours de prothèse et une clinique des maladies de la bouche et des dents ;

2º *Pendant trois mois la clinique des maladies cutanées et syphilitiques et pendant trois mois un cours de méthodes de recherches cliniques.*

Art. 27. — A la demande est également joint *un curriculum vitæ.*

Art. 29. — L'examen porte sur les matières suivantes :

1º Pathologie générale et *anatomie pathologique* ;
2º Maladies des dents et de la bouche ;
3º Traitement conservateur des dents ;
4º Chirurgie des maladies des dents et de la bouche ;
5º Prothèse ;
6º Hygiène.

Les examinateurs dans les diverses épreuves doivent, si le sujet le permet, s'assurer que le candidat a gardé les connaissances anatomiques et physiologiques dont il a fait preuve dans l'examen préliminaire et a su les développer pendant qu'il a suivi la clinique.

Art. 30. — Dans aucune épreuve ne peuvent passer plus de 4 candidats à la fois, sauf dans l'épreuve pratique du traitement conservateur des dents et en prothèse, où ce nombre peut être doublé.

Art. 31. — L'épreuve de pathologie générale et d'anatomie pathologique est subie en 1 jour devant un examinateur. *Le candidat fournit des explications sur 2 préparations anatomo-pathologiques de maladies des dents et de la bouche, dont une microscopique,* et doit montrer dans une épreuve orale approfondie qu'il possède les connaissances de pathologie générale et d'anatomie pathologique nécessaires au chirurgien-dentiste.

Art. 32. — L'épreuve des maladies de la bouche et des dents comprend 2 parties et se subit d'ordinaire en 3 jours de semaine consécutifs.

Art. 33. — Dans la première partie, subie d'ordinaire devant 2 examinateurs dans un Institut d'Université, *le candidat examine pendant 2 jours consécutifs un nouveau malade,* indique les commémoratifs, le diagnostic et le pronostic, ainsi que le traitement, *consigne le résultat dans un procès-verbal contresigné* par l'examinateur (1 par jour), *rédige chez lui le même jour un rapport écrit* sur le cas et le présente le lendemain à l'examinateur.

Le candidat examine également d'autres malades, porte le diagnostic et le pronostic en matière de maladies de la bouche et des dents et doit faire preuve des connaissances nécessaires en reconnaissant les maladies cutanées et syphilitiques.

L'épreuve porte aussi sur les méthodes cliniques d'examen que le candidat doit posséder.

Art. 34. — Dans la 2ᵉ partie le candidat doit, à une date déterminée, en présence de l'examinateur, répondre *par écrit* à des questions sur les prescriptions pharmaceutiques et montrer oralement qu'il possède en thérapeutique générale, en pharmacopée et en toxicologie les connaissances nécessaires au chirurgien-dentiste.

Art. 35. — L'épreuve de traitement conservateur des dents se subit dans un Institut d'Université devant un examinateur en 5 jours consécutifs. Le candidat doit montrer qu'il connaît les divers procédés de la dentisterie opératoire et pratiquer au moins 3 obturations différentes, un traitement radiculaire et un nettoyage.

Art. 36. — L'épreuve de chirurgie des maladies dentaires et buccales comprend 2 parties se subissant en 4 jours consécutifs.

Art. 37. — Première partie subie devant deux examinateurs dans un Institut d'Université : *a*) le candidat examine 2 jours de suite devant un examinateur un nouveau malade, indique l'anamnèse, le diagnostic, le pronostic, le traitement, consigne le résultat, etc. (comme dans l'art. 33) ;

b) Le lendemain le candidat examine les deux malades à nouveau et, en recevant son rapport des mains de l'examinateur, décrit le processus de la maladie et le traitement.

Le candidat examine également d'autres malades, porte le diagnostic et le pronostic des maladies importantes pour le chirurgien-dentiste, montre qu'il est familiarisé avec leurs diverses méthodes de traitement, notamment avec l'asepsie et l'antisepsie, et exécute plusieurs petites opérations chirurgicales.

Art. 38. — Deuxième partie, subie devant un examinateur : *examen oral* portant sur la doctrine des opérations dentaires, l'appréciation des procédés opératoires et l'instrumentation.

Art. 39. — Epreuve de prothèse, devant un examinateur, en 8 jours consécutifs : exécution de pièces de prothèse ou d'appareils de redressement, confection de plaques-bases, couronnes, bridges, prothèse chirurgicale ou orthodontie sur le vivant.

Art. 40. — Epreuve orale d'hygiène devant un examinateur, en un jour. Le candidat doit témoigner qu'il possède *les connaissances d'hygiène nécessaires au chirurgien-dentiste, y compris la bactériologie.*

Art. 41. — Les diverses épreuves comportent l'histoire des différentes branches et leurs rapports avec la médecine légale. Le candidat doit connaître les termes dentaires techniques.

Art. 42. — La première et la sixième épreuve sont ouvertes aux étudiants en dentisterie qui ont suivi les cours correspondants à l'Institut dentaire d'une Université ; les autres épreuves, sauf les épreuves pratiques (art. 35 et 39), seulement aux étudiants qui ont suivi les cours correspondants.

Art. 45. — Après chaque épreuve les examinateurs envoient immédiatement le procès-verbal au président. Le candidat se présente à celui-ci pour connaître le résultat.

Art. 46. — Les première, troisième, cinquième et sixième épreuves, ainsi que chaque partie des autres, sont cotées de un (très bien) à 5 (mal).

Art. 48. — Si la note 4 ou 5 est attribuée à une épreuve, celle-ci doit être recommencée dans un délai de 2 à 6 mois, fixé par le président du jury, d'accord avec ses assesseurs, suivant les notes obtenues pour les autres épreuves.

Le candidat qui a échoué 2 fois à son examen n'est pas admis à le subir une troisième.

Art. 50. — Si l'examen n'est pas complètement terminé en 2 ans, il est considéré comme n'ayant pas été subi avec succès.

Art. 52. — Le montant total des droits d'examen est de 155 marks.

Art. 53. — Quiconque a subi complètement avec succès l'examen de médecine en Allemagne ou possède l'approbation comme médecin pour ce pays joint à sa demande d'admission à l'examen dentaire le certificat correspondant, ainsi qu'un certificat établissant qu'il a suivi pendant 2 *semestres* au moins un cours de prothèse et un cours de traitement dentaire conservateur sur le malade et fréquenté une clinique des maladies de la bouche et des dents.

Il subit l'épreuve dentaire seulement dans la deuxième section, première partie, à l'exclusion de l'épreuve de reconnaissance des maladies cutanées et syphilitiques et des méthodes d'examen clinique, ainsi que dans les sections trois à cinq, comme l'épreuve de prothèse prescrite pour l'examen préliminaire.

Art. 54. — L'approbation est conférée d'après une formule déterminée.

Art. 55. — L'autorité centrale adresse au chancelier de l'Empire la liste des candidats approuvés pendant l'année d'examen écoulée.

Art. 57. — Le temps passé sous les drapeaux ne compte pas dans la durée des études.

Art. 58. — Les dispositions qui précèdent entreront en vigueur le 1er octobre 1909.

Art. 59. — Dispositions transitoires. — Les étudiants ayant commencé leurs études dentaires avant le 1er décembre 1909 peuvent, s'ils se présentent à l'examen dentaire avant le 1er octobre 1913, subir cet examen, sur leur demande, conformément aux prescriptions en vigueur jusqu'ici (y compris la répétition éventuelle des épreuves), abstraction faite des dispositions de l'art. 60.

Autrement ils sont dispensés de produire le certificat d'examen préliminaire de l'art. 6, mais ils doivent subir l'examen dentaire préliminaire et l'examen dentaire lui-même d'après les dispositions qui précèdent. Des exceptions peuvent être permises jusqu'au 1er octobre 1914.

Art. 60. — Les dispositions des art. 2, paragraphe 3, 22, 48, paragraphe 4, 50, paragraphe 6, s'appliquent aux examens commencés depuis le 1er octobre 1909.

On vient de voir comment sont formés les zahnärzte, correspondant aux chirurgiens-dentistes français. Il est intéressant d'examiner comment étaient formés les zahntechniker, afin de redresser l'opinion de certains qui, plus ou moins mal renseignés, pensent que tous les dentistes libres exerçant en Allemagne sont des praticiens sans valeur, et, dans ce but, il est utile de pénétrer un peu dans les discussions qui divisent les deux camps des zahnärzte et des zahntechniker, lesquels se jalousent tous deux et s'entendent assez mal ensemble, comme il arrive parfois dans notre profession pour certains pays. Les zahntechniker ont commencé par se former par apprentissage et stage plus ou moins prolongé chez les dentistes, comme se sont formés les dentistes français avant la loi du 30 novembre 1892. Mais, depuis longtemps, les dentistes libres, parmi lesquels il y a d'excellents praticiens, ont adressé au Conseil fédéral et au Parlement des pétitions pour la réglementation de leur profession, pétitions qui sont demeurées sans résultat ; ce que voyant, ils ont organisé eux-mêmes leur profession, il y a 35 ans environ, pour assurer au public la garantie qu'il demandait et pour éveiller en ceux qui faisaient partie de cette organisation le sentiment du devoir professionnel.

Pour joindre leurs efforts, ils ont tout d'abord créé la Fédération des dentistes libres de l'Empire allemand, qui aujourd'hui compte environ 3.000 membres, répartis en 37 sociétés nationales, provinciales ou locales.

Ils ont fondé des écoles professionnelles et, sur leur initiative, certaines villes ont également créé, parfois avec subventions, des cours de perfectionnement et des cours pratiques (Berlin, Munich, Dresde, Breslau).

La Fédération a surtout fondé à Berlin, à grands frais, un Institut dentaire d'enseignement et de perfectionnement qui peut servir de modèle et où l'enseignement est donné, par des médecins, des chimistes, des praticiens réputés, etc.

La Fédération publie une revue hebdomadaire de mécanique dentaire (Zahntechnische Wochenscrift), ainsi que de la littérature professionnelle.

Elle a fondé une caisse de secours en cas de décès, une caisse de secours, une caisse de prêts et une caisse d'assurances viagères.

Elle organise de plus, pour l'instruction de ses membres, des cours de perfectionnement, des réunions nomades avec conférences dans toutes les villes, des expositions professionnelles, etc.

Pour être admis dans la Société, il faut prendre l'engagement d'appeler un médecin pour chaque anesthésie, de ne pas former d'apprentis en moins de 3 ans et de ne pas exercer d'autre profession que celle de dentiste. L'exercice de la médecine générale est considéré comme une profession accessoire et empêche l'admission.

Les contrevenants à cet engagement *sont exclus de la Société*.

Ne sont admis dans celle-ci que les dentistes comptant 3 ans d'apprentissage et une instruction professionnelle complète ; exceptionnellement ceux qui subissent un examen d'entrée.

Les dentistes libres possèdent donc la confiance du public qui souffre. Ce qui le prouve, c'est que l'inspection et le traitement dentaire des enfants des écoles leur ont été confiés par les communes, et que 1.146 caisses d'assurance en cas de maladies ont confié les soins dentaires à 1.825 dentistes contre 805 chirurgiens-dentistes.

A l'exposition d'hygiène de Berlin de 1883 la Fédération a obtenu la médaille d'or pour son exposition collective.

Il a été rendu justice et hommage aux efforts des dentistes pour élever leur profession, lors de la discussion au Parlement de la loi sur les assurances d'Empire en 1910 et 1911, ce qui a provoqué, de la part de ce Parlement, une résolution invitant les gouvernements confédérés à amender la loi sur l'exercice des professions en rangeant les dentistes libres (zahntechniker) parmi ceux qui exercent une profession nécessitant une approbation.

Les chirurgiens-dentistes (zahnärzte) prétendent que les zahntechniker sont inutiles pour l'Allemagne et que le nombre des diplômés suffit aux besoins de la population.

Or, la statistique prouve que le nombre des chirurgiens-dentistes diplômés ne suffit pas aux besoins de la population et que, par suite, les dentistes libres sont absolument nécessaires.

On compte en effet (statistique de 1912) :

Nombre d'habitants dans toute l'Allemagne..	64.941.201
— de médecins.	32.825
— de chirurgiens-dentistes diplômés...	3.290
— de dentistes et de personnes traitant les dents.	7.302
— de chirurgiens-dentistes dans les villes de plus de 5.000 habitants..	3.206
— de dentistes dans ces villes.	5.629
— de chirurgiens-dentistes dans les villes de moins de 5.000 habitants et les campagnes.	77
— de dentistes dans les villes de moins de 5.000 habitants et les campagnes.	1.640

La province de Silésie compte un grand nombre de centres industriels importants ayant de 5.000 à 17.000 habitants sans un seul chirurgien-dentiste et cependant à plusieurs heures de chemin de fer des grandes villes où sont établis des chirurgiens-dentistes diplômés.

Dans le Hanovre, pour 2.942.436 habitants on ne compte que 118 chirurgiens-dentistes, soit 1 pour 24.935 habitants, et 410 dentistes. Là aussi, plusieurs villes de plus de 5.000 habitants et plusieurs régions sont dépourvues de chirurgiens-dentistes.

La Poméranie, pour 1.716.921 habitants, n'a que 73 chirurgiens-dentistes avec 184 dentistes. Là encore, plusieurs villes de plus de 5.000 habitants et plusieurs régions manquent de chirurgiens-dentistes. Sur ces 73 chirurgiens dentistes, 46 sont dans 5 grandes villes, 27 dans 19 villes ; les 98 autres villes et gros bourgs n'en possèdent point.

En Prusse orientale, 56 chirurgiens-dentistes pour

2.064.175 habitants, soit 1 pour 47.170 personnes ; 168 dentistes. Sur les 56, il y en a 30 à Königsberg, chef-lieu de la province.

En Prusse occidentale, 48 chirurgiens-dentistes, soit 1 pour 40.000 habitants ; 150 dentistes.

En Bavière, 262 chirurgiens-dentistes, dont 175 dans les 5 grandes villes ; il n'en reste donc que 87 pour tout le royaume.

Ces quelques exemples, dont il serait facile d'augmenter le nombre, prouvent que le nombre des chirurgiens-dentistes approuvés est insuffisant sans l'aide des dentistes, pour les besoins des 47 plus grandes villes d'Allemagne, sans parler des autres villes importantes. Si l'on compte 1 chirurgien-dentiste par 5.000 citadins des grandes villes, il en faut 2.762, de sorte que pour les 51.000.000 d'habitants restants, il n'y en a plus que 528, le nombre total étant de 3.290.

Le nombre des chirurgiens-dentistes diplômés ne permet donc pas de donner à la population les soins dont elle a besoin ; l'augmentation du nombre des étudiants, qui avait été annoncée, ne s'est pas produite ; les dentistes libres sont donc absolument nécessaires.

Les Caisses d'assurances ont admis de laisser soigner leurs assurés par des zahntechniker ayant une pratique assez ancienne ou subi des examens spéciaux sur lesquels nous reviendrons. Les zahntechniker font valoir que, d'après une statistique publiée en 1908 par la *Revue populaire de l'assurance ouvrière*, sur 1.146 Caisses d'assurances contre la maladie, dans 31 cas des chirurgiens-dentistes ont été remerciés pour fautes professionnelles et seulement 11 dentistes.

Ils font valoir également que les journaux médicaux et les journaux quotidiens rapportent presque chaque jour des procès intentés à des individus non diplômés qui ont, par un traitement médical, compromis la santé de gens qui se sont fiés à eux. Les procès de ce genre à des dentistes libres sont extrêmement rares.

De plus, un grand nombre de chirurgiens-dentistes approuvés ont pour assistants des dentistes opérant sur le malade. Sur 67 dentistes composant l'*Association libre des dentistes de Berlin*, 37 sont assistants de chirurgiens-dentistes.

A la 15ᵉ assemblée générale de la Fédération des sociétés de chirurgiens-dentistes, une proposition tendant à ce que les chirurgiens-dentistes n'emploient plus de dentistes non diplômés comme assistants pour opérer sur le patient fut repoussée.

Dans les grandes villes, beaucoup de dentistes emploient deux ou trois assistants et font un chiffre d'affaires bien plus élevé que beaucoup de chirurgiens-dentistes, d'après les rôles des impôts. Cela ne serait pas possible s'ils ne satisfaisaient pas les besoins de la population.

De nombreuses nominations de dentistes aux postes de dentistes de la Cour et deux aux fonctions de conseillers auliques prouvent que les dentistes libres jouissent d'une grande confiance.

Les dentistes libres espèrent qu'une réglementation de leur profession par l'Etat leur fournira l'occasion de montrer leurs capacités et permettra à leur nombre de s'accroître, avec la certitude, pour la population, qu'ils possèdent une instruction professionnelle suffisante pour la traiter avec compétence et répondre à tous ses besoins.

INSTITUT DE PERFECTIONNEMENT DE BERLIN ET AUTRES ÉTABLISSEMENTS D'ENSEIGNEMENT ET DE PERFECTIONNEMENT DE LA FÉDÉRATION DES DENTISTES D'ALLEMAGNE.

L'Institut a été fondé par la Fédération en 1900 à Berlin, 171 Brunnenstrasse (depuis avril 1910).

L'administration et l'enseignement sont assurés par onze dentistes et trois docteurs en médecine, sous la surveillance d'un Professeur de la Faculté de médecine.

Tous les postes administratifs sont gratuits, les autres sont rétribués.

Les cours professés sont les suivants : anatomie, chimie, métallurgie, bactériologie, thérapeutique, dentisterie opératoire, technique, prothèse.

L'Institut comprend une salle d'obturations (18 fauteuils), 1 laboratoire, 1 salle d'extractions (1 fauteuil), 1 amphithéâtre de cours, 1 vestiaire pour les praticiens, 1 salle d'attente pour les malades et plusieurs autres locaux.

Bien que pour être admis à l'Institut les élèves doivent avoir fait au moins 3 ans d'apprentissage de technique dentaire, ils sont astreints, avant d'opérer sur le malade, à exécuter d'abord un certain nombre de travaux sur modèle et sur fantôme. Ils doivent confectionner eux-mêmes en partie ces modèles et ces fantômes avec du plâtre.

Deux praticiens sont en même temps au fauteuil d'opération : l'un travaille sur le patient, l'autre l'assiste.

Les praticiens sont tenus d'être présents à l'Institut régulièrement et ponctuellement. 3 bulletins semestriels de présences et de notes sont adressés aux familles pour les renseigner à cet égard.

Le cours de perfectionnement terminé, le praticien reçoit un certificat de sortie.

Les patients sont adressés à l'Institut par des dentistes de Berlin, les médecins des pauvres, des écoles, les administrateurs des bureaux de bienfaisance, les chirurgiens et spécialistes divers.

En 1907 la Fédération a fondé une bourse qui est attribuée, chaque semestre d'été, à un étudiant.

L'âge des étudiants varie de 20 à 35 ans. Les uns suivent les cours une année entière (les plus jeunes), d'autres 6 mois, d'autres 3, d'autres enfin seulement les cours de vacances (les plus âgés).

Pendant les 10 premières années la Fédération a dépensé 18.000 marks pour la création et l'entretien de l'Institut, dépense relativement faible pour les résultats obtenus.

L'Etat dépense, au contraire, des centaines de mille marks pour les Instituts dentaires d'Université.

La Fédération a créé également à Berlin, Munich, Breslau, Cologne, Madgebourg, Leipzig et autres villes des écoles d'apprentissage à ses propres frais ou bien elle subventionne celles que les villes ont créées.

L'enseignement y est donné par des dentistes.

Presque tous les ans ces écoles exposent les travaux de leurs élèves.

La Fédération, les 37 sociétés nationales, provinciales ou locales ont également organisé et subventionné des séances de perfectionnement ou séances de démonstrations. C'est ainsi que les Sociétés de dentistes de Bavière, de Wurtenberg, de Hesse, de Hesse-Nassau ont fondé une fédération de démonstrations de l'Allemagne du Sud qui tient chaque année pendant 2 jours une séance nomade dans laquelle des praticiens marquants, des médecins, des chimistes, etc., font des communications et des démonstrations, auxquelles peuvent assister les dentistes même des petites localités.

Il existe une fédération de démonstrations également dans l'Allemagne du Nord, tandis que les sociétés de dentistes des grandes villes et des provinces tiennent, de leur côté, des séances régulières de communications et de démonstrations.

Ainsi les dentistes libres s'efforcent, avec leurs propres ressources, d'étendre leurs connaissances professionnelles afin de justifier la confiance dont les honore la population et de mériter l'aide que l'Etat leur a refusée jusqu'à présent.

Ci-après, on peut voir la copie du certificat qui était remis à chaque Zahntechniker (dentiste libre) qui remplissait les conditions requises pour soigner les assurés de la caisse d'assurance créée dans tout l'empire par la loi spéciale du 1ᵉʳ mai 1913.

CERTIFICAT

Aux termes de l'article 123 de la loi d'Empire sur les assurances, le Ministre doit désigner les personnes qu'il y a lieu de considérer comme dentistes au sens de cette loi.

D'après l'article 20, parag. 3, de l'Instruction pour l'exécution de la dite loi en date du 1ᵉʳ mai 1913, doit être considéré comme mécanicien-dentiste au sens de la loi, celui qui :

1° jouit de ses droits civils,

2° est âgé de 25 ans au moins,

3° prouve qu'il a fait pendant 3 ans son apprentissage chez un patron connaissant bien la prothèse et la dentisterie opératoire,

4° ou bien a été pendant 3 ans au moins aide d'un chirurgien-dentiste ou d'un mécanicien-dentiste. Le temps passé éventuellement dans une école d'apprentissage de l'Etat ou dans une école du même genre fondée par la Fédération des *dentistes* de l'Empire allemand compte d'une façon équivalente pour ce stage de 3 années,

5° a subi avec succès un examen dans les conditions fixées par le Ministre.

Il est certifié par le présent que M............... de...............
a rempli la condition stipulée au parag. 5 ci-dessus.

Le Président de la Commission d'examen.

Strasbourg, le.... 19...

* *

On vient de voir quelle est la situation de la profession dentaire en Alsace-Lorraine, qui était jusqu'à ces derniers temps sous l'autorité allemande.

Il était nécessaire d'exposer cette situation pour en déduire les mesures qu'il est indiqué de proposer aux pouvoirs publics, au nom des sociétés professionnelles, comme régime transitoire et comme régime futur pour les dentistes d'Alsace-Lorraine.

Il semble qu'il est juste, logique, équitable, que les Zahnärzte considérés comme loyaux sujets français par leur ascendance ou les sentiments francophiles qu'ils ont montrés (questions qui regardent les pouvoirs publics et non les sociétés professionnelles, qui ne doivent s'occuper que de la valeur technique) soient admis aux mêmes droits que les chirurgiens-dentistes français sur tout le territoire de la République.

Que pourraient penser de leurs confrères français les Zahnärzte, les dentistes diplômés d'Alsace-Lorraine dont les familles étaient françaises avant 70, qui ont souffert pendant 50 ans de leur annexion, qui ont passé des examens aussi sérieux que les chirurgiens-dentistes français, si les sociétés professionnelles françaises s'opposaient à leur réintégration dans le sein de la mère-patrie ?

Il est donc logique d'accepter l'équivalence absolue entre les deux titres et de demander que les chirurgiens-dentistes français et les Zahnärzte d'Alsace-Lorraine, loyaux sujets, puissent tous deux exercer sur la totalité du territoire.

Au point de vue de l'enseignement, il va de soi que l'Asace-Lorraine devenant terre française, c'est la loi française qui doit régir l'enseignement de l'art dentaire, avec des dispositions transitoires en faveur des étudiants en cours d'études.

Quant aux Zahntechniker, aux dentistes libres, qui sont souvent d'excellents praticiens, comme l'a montré cette étude, et non des ignorants sans valeur, il semble logique qu'ils soient autorisés à continuer à exercer leur profession, leur vie durant, en Alsace-Lorraine, s'ils exerçaient avant le 2 août 1914, ainsi qu'on l'a fait en 1892 en France pour les dentistes patentés ; dans le même ordre d'idées, des dispositions spéciales pourraient être prises à leur sujet pour leur permettre d'obtenir le diplôme de chirurgien-dentiste.

Une liste de ces praticiens pourrait être établie par les Zahntechniker d'Alsace-Lorraine, et, s'il y avait des protestations ou un doute sur la valeur de l'un d'eux, un examen technique pourrait être demandé pour juger de la valeur du candidat.

Il ne saurait être question d'autoriser les Zahntechniker à exercer sur tout le territoire de la République. La loi du 30 novembre 1892 ne permettant pas d'exercer à des étudiants français en chirurgie dentaire qui ont fait 4 ans d'études et ont subi plusieurs examens, il ne saurait être accordé de licence d'exercice à des praticiens qui ne peuvent justifier d'études régulières et même parfois d'aucune étude.

Mellottée, imp. — Paris-Châteauroux.

www.ingramcontent.com/pod-product-compliance
Lightning Source LLC
Chambersburg PA
CBHW060455050426
42451CB00014B/3343